COURTE RÉPONSE

A

L'ulterieure ou plus-Aprochante
DÉDUCTION

(Nähere Ausführung, &c.)

DU

DROIT DE PROPRIETÉ

De la Roïale & Electorale Maïson
de BRANDEBOURG

Sur les Duchés de Jagerndorf, Ligniz,
Brieg, Wolau, & Seigneuries aparte-
nantes en SILESIE.

Imprimé à Vienne en Autriche M DCC XLI,
Et réimprimé à Londres dans la même année.

AVANT-PROPOS.

LA Nullité des Prétentions du Roi de Prusse est si clairement démontrée dans *l'Information Juridique & Conforme aux Actes*, qui depuis peu a été publiée contre le prétendu *Droit de Proprieté de la Maison Electorale de Brandebourg*; que l'on a tout lieu de se promettre, que les Personnes exemtes de partialité en auront été entiérement convaincuës.

Cependant, comme de la part du Roi de Prusse, il a paru, dans l'entretems, un second Imprimé sous le Titre ambigu: *Nähere Ausführung*, &c. ou bien: Plus *Aprochante*, ou plus *meure Deduction du Droit de Proprieté*, &c. dans laquelle on s'éforce, quoiqu'inutilement, de supléer à la débilité des raisons contenuës dans la premiere; ainsi le Public agréera qu'on lui donne à connoître l'insufisance de cette *postérieure Déduction*; & en même tems à comprendre comment l'Auteur a voulu lui en imposer par divers passages tirés des loix communes, de celles de l'Empire, & de quelques Ecrivains, qu'il allégue & aplique avec l'artifice, qui est ordinaire aux Légistes & aux *Avocats à tort & sans cause*.

CHAPITRE I.

Du Prétendu Droit de la Maison Electorale de Brandebourg sur la Principauté de Jagerndorf.

§ I.

EN vertu de ce qui a été prouvé par des Enseignemens incontestables, la Principauté de Jagerndorf a toûjours été, & est encore un Fief vraiment &

purement

[4]

purement maſculin apartenant à la Couronne de Bohème *.

§ II.

C'est en cette qualité, & poſitivement avec ce
même lien de Fief droit maſculin, que le Margrave
George en fit l'aquèt en 1524. pour lui, ſon Frére, &
leurs Héritiers uniquement b.

§ III.

Son Fils George-Frideric en a fait Hommage à
deux Rois de Bohème; & ſe voïant hors d'état de laiſſer
d'Hoirs-mâles, il ſollicita pluſieurs fois pour impétrer
le conſentement du Seigneur Dominant, à fin d'en
pouvoir diſpoſer librement & à ſon gré; mais le Fief
étant déja caduc, il fut débouté de ſa demande c.

§ IV.

Celui-ci s'étant, malgré ces refus, arrogé le pouvoir de transferer cette Principauté par *Donation à
cauſe de mort*, à l'Electeur Joachim-Frideric, qui étoit
dans une ligne tout à fait diferente, éloignée au 14
dégré, & qui jamais n'en avoit été inveſtie; cet atentat, ſuivant les Loix Féodales, a été nul & puniſſable,
& n'a pû en aucune façon aporter préjudice aux Droits
du Seigneur Dominant d.

§ V.

La Principauté eſt échuë au Roi & à la Couronne
de Bohème, d'abord après le trépas du Margrave
George-Frideric, avec lequel la ligne inveſtie a été totalement éteinte e.

§ VI.

C'est pour cela, que l'Electeur Joachim-Frideric
a agi contre toutes les Loix, lorſque, profitant des
troubles

---

* Information juridique & conforme aux Actes ch. 1. § 5. & ſuiv.
Preuve n. 2. juſqu'à n. 8.

b Ibidem § 10, & ſeq.

c Ibidem § 22, & 23. Preuve n. 1.

d Ibidem § 23. Preuve n. 8, 9.

e Ibidem § 23. 2. Feud. 55.

[5]

troubles de la Guerre, il s'eſt emparé à main armée de
cette Principaute, & en a donné la poſſeſſion à ſon Fils
puiſné le Margrave Jean-George [f].

§ VII.

Les Droits néanmoins du Roïaume de Bohème ſont
reſtés dans leur entier en dépit de cet atentat, puiſque
l'Empereur Rodolphe y opoſa ſes contredits & man-
demens avec toute vigueur [g].

§ VIII.

Ainsi l'Electeur Joachim-Frideric, par cette illégitime ocupation, n'a pû aquerir aucun Droit ſur ce
Fief, & moins encore l'aproprier à ſa Maiſon [h].

§ IX.

Outre cela, il y avoit un grand obſtacle à cet
aquèt, en ce que l'Electeur Joachim-Frideric, à l'exem-
ple de feu ſon Pere, avoit promis par ſes *Lettres Ré-
verſales*, de ne plus aquerir par aucune voïe des Seigneuries & des Biens, ſoit dans le Roïaume de Bohème, ſoit dans les Païs qui y ſont incorporés [i].

§ X.

Au reſte le retrait de cette Principauté a été fait
légitimement, non tant pour cauſe de Félonie commiſe
par le Margrave Jean-George à l'ocaſion des troubles
de la Bohème, que principalement à cauſe de l'extinction de la ligne des Inveſtis, par laquelle ce Fief avoit
déja auparavant été ouvert au Seigneur Direct.

§ XI.

La Cour de Brandebourg, aïant reconnu d'elle-
mème le tort qu'elle avoit, a eu recours aux priéres, &
à la *Demande en grace* [k].

§ XII.

---

f Information juridique ch. 1. § 24. Feud. 5. § præterea in fine 1.
Feud. 18. verſ. ſi aliquis de Capitaneis.

g Information juridique ch. 1. § 25, & 29. l.7. cod. de acquir. &
retin. poſſeſſ.

h L. 7. juncta l. 11. cod. de acquir. & retin. poſſeſſ. l. 13. ff. §.

i Information juridique ch. 1. § 25. Preuves n. 12.

k Ibidem c. 1. § 30. Preuves n. 13, & 14.

§ XII.

Les conféquences de ces Prémiffes & des Preuves fondamentales, qui ont été expofées dans l'*Information juridique & conforme aux Actes*, font celles cy :

La premiere, que l'Auteur de la *Plus Aprochante* ; ou plus *Exacte Déduction*, débite une pure invention, qui dans le fond eft tout à fait fauffe, quand il avance que la Couronne de Bohème n'a jamais contredit aux Prétentions de la Maifon Electorale fur la Principauté de Jagerndorf, & qu'elle eft demeurée les bras croifés en filence, lorfque l'Electeur Joachim-Frideric, à la défaillance des mâles de la Tige de Franconie, s'en eft emparé. N'avoit-il pas vû au contraire, que dès l'an 1607. l'Empereur Rodolphe s'étoit opofé à cette violente ocupation ? témoin fa Lettre (*alleguée, n. 12. des Preuves annexée à l'Information juridique*) dans laquelle il déclare audit Electeur, qu'après l'extinction de la ligne Franconienne du Margrave George de Brandebourg, Jagerndorf lui apartenoit & à la Couronne de Bohème ? & que pour cela il devoit remettre entre les mains des Commiffaires, non feulement le Fief, mais auffi les profits & revenus, qui en avoient été perçûs depuis le décès du Margrave George-Frideric ?

Secondement, que les Agnats de la Maifon Electorale n'ont pû aquerir le moindre Titre fur Jagerndorf, par la voïe de l'Electeur Joachim-Frideric ; atendu que celui-ci n'en avoit jamais été invefti ; circonftance effentiellement requife par les Coûtumes Féodales de la Siléfie : & qu'il n'y a pû non plus aquerir aucun Droit deffus, ni par l'illégitime Donation du Margrave George-Frideric, ni par l'injufte Saifie, qu'il en avoit faite.

Troifiémement, qu'après que cette Principauté a été faifie, non pas proprement *ex Capite Feloniæ*, commife par le Margrave Jean-George, mais *ex Capite lineæ finitæ Inveftitorum* ; l'Auteur de l'Imprimé s'épuife en vain, en amaffant des Loix de la Nature & de l'Empire, pour infirmer la juftice de ladite Saifie.

Sur

Sur quoi il eſt encore à remarquer, que la plûpart des Juriſconſultes ſont d'avis, que du moment [1] que le Vaſſal eſt directement Félon à ſon Seigneur Direct, le Fief doit s'adjuger audit Seigneur, à l'excluſion des Agnats ; quoique la derniere Capitulation d'Election leur ſoit plus favorable ; en ſorte que le paſſage de Paix publique qu'il cite, n'a nul raport à ce ſujet. Ajoutés, qu'en cas de crime de *Leze Majeſté,* les Loix de la Couronne de Bohème donnent droit au Roi de rétraire les Fiefs du Delinquant ; ce qui n'a pas manqué d'etre alégué par la Cour Impériale, laquelle en même-tems a fortement remontré à celle de Brandebourg, que le Fief de Jagerndorf étant ouvert par l'extinction des mâles de la lignée de Franconie, étoit dévolu au Roi & à la Couronne ; ce dont Puffendorf eſt inconteſtablement le meilleur témoin [m].

Quatriêmement, que c'eſt à tort que l'on impute à la Couronne de Bohème la faute d'une inexcuſable Détention ; vû qu'il eſt manifeſte au contraire, que le reproche de l'injuſte détention paſſée retombe ſur la Maiſon de Brandebourg, qui ſans les Traités de l'an 1686, & 1694. ſeroit obligée à la reſtitution de tout le revenu perçu depuis l'an 1603. juſqu'en 1622. puiſque l'Empereur Rodolphe l'avoit redemandé dès l'an 1607. Leſquels Traités ſont violes aujourd'hui, comme le ſont en même tems les Loix de la Nature, des Gens & de l'Empire, par l'irruption faite en Siléſie.

CHAPITRE

---

[1] 2. Feud. 24. 24. § fin. Gail. de P. P. l. 2. c. 13. n. 10. Berlich. p. 3. concluſ. 37. n. 19.

[m] Puffendorf *De rebus geſtis* Wilhelmi magni l. 4. § 44. *Cæſarei Carnoviae Conſiſcationem legitimam contendebant, quam etiam leges Bohemiæ in bonis fideicommiſſo obnoxiis permittant ; quin Marchionem Georgium Fridericum eum Ducatum à Regno Bohemiæ velut feudum maſculinum agnoviſſe, ad quem reliqui Marchiones Brandenburgici ſimultaneam inveſtituram non obtinuerint, qui & poſt conſolidatus ſit, non tam ob Feloniam, quam quia maſcula Proſapia deſcendens primi adquirentis defecerit.*

CHAPITRE II.

Du Droit que la Maison de Brandebourg s'arroge sur les Principautés de Ligniz, Brieg & Wolau.

§ I.

ON tombe d'accord avec l'Auteur de la *Plus-Aprochante* ou plus *Exacte Déduction*, que par raport à ces Principautés, il est question principalement : " *Si* " *Frideric Duc de Ligniz & de Brieg, après que ses* " *Ancêtres avoient déja fait l'Oblation de ces Fiefs au* " *Roi Jean, & à la Couronne de Bohème, ètoit néan-* " *moins encore en Droit de conclure un Traité de Con-* " *fraternité Hèreditaire, & d'en disposer en faveur de* " *la Maison de Brandebourg, qui ètoit aussi Féudataire* " *de cette Couronne?*

§ II.

LE Défendeur de cette Confraternité Héreditaire s'éforce en vain d'en prouver la validité par l'Histoire, par la Loi de la Nature, & par quelques Constitutions de l'Empire qu'il alégue.

Quant au premier point il s'en raporte au témoignage des Ecrivains de Pologne & de Silésie, en disant que les Piastes ont possedé la Silésie héreditairement, & en pleine souveraineté.

§ III.

NOUS laissons cette opinion pour ce qu'elle est, sans en examiner le merite *, d'autant que dans l'*Information juridique & conforme aux Actes*, (chap. 2. § 1.) on a déja averti que cet article est encore embrouillé ; que les Ecrivains tant Allemands que Polonois en soûtiennent

---

* L'endroit que l'Auteur cite ex Lucæ Chronico, dit le contraire, à savoir que Boleslaus n'a jamais voulu acorder la Souveraineté aux Ducs de Silésie ; & Schikius n'en dit mot à l'endroit alegué.

tiennent moins le *Pour* que le *Contre* [b] : & qu'ici il ne s'agit pas de favoir comment fes Ducs ont poffedé ces Païs au commencement ; mais qu'il s'agit effentielle-ment de fixer quelle a été leur condition, qualité, & état poftérieur à la Réfignation, ou oblation en Fiefs, qui en a été faite. On convient en *fecond Lieu*, que la Claufe *en Fief droit* * *ou Direct* † *héréditaire*, fe trouve dans la premiere Inveftiture de l'an 1329 ; & que le Duc Boleflas y a été maintenu dans les Droits & Libertés dérivées des Ancêtres de ces Ducs.

* *Droit, du lat.* Directus *dit pour* Rectus, Marculf. de Formul. c. 21. & Bignon. fur ce lieu. Egid. Menage Origines Françoifes.

† Zu einem rechten Lehen, i. e. *in feudum* Rectum quoad Naturam Feudi ex Pacto & providentia. *Bart. Camerar. in C. Imperialem § præterea Ducatus in Princ. de Prohibita Feudi Alienat. per Frideric. p. 767. & 774. it. Hartman. Piftor. Quæft. Jur. lib. 11. quæft. 1. n. 14. Feudum Rectum in propria & fimplici natura eft feudum ex pacto & providentia, non hæreditarium.*

§ IV.

Mais comme il s'y trouve auffi, là-même, cette autre claufe : *Il eft devenu pour caufe de ce Fief Homme des Rois nos Héritiers & Succeffeurs & de la Couronne de Bohème* [c] ; ainfi a-t-on auffi prouvé ci-devant [d] par les Actes, que l'Afaire n'en eft pas demeurée à cette premiere Inveftiture : De plus les meilleurs Hiftoriens de (Siléfie) croïent, que cette premiere Inveftiture n'a été que prêtée au Duc Boleflas [e].

La véritable Oblation a été faite par des Lettres Singulieres [f] feulement en 1331. par le Duc Boleflas & fes deux Fils, Venceflas & Louis, lorfqu'après le décès du Frére de l'un & Oncle des autres, ils poffedoient

B   con-

---

[b] Voyez entre les Polonois Cromer. Lubiens. Hartknoch, & entre les Allemands Ludovicum de Sacro fifci jure L. I. § 8. Schurz-fleifch in Lemmat. Hiftor. § 11. pag. 6.

[c] Voyez Horn. jurifprud. Feud. c. 5. § 20.

[d] Information juridique ch. 2. § 2. & fuivant.

[e] Voyez Theber annal. de Ligniz ch. 28.

[f] Information juridique ch. 11. § 4. Preuves n. 32.

conjointement & tranquillement les deux Principautés de Ligniz & de Brieg : Or c'eſt dans ces lettres de l'an 1331, que ſe trouve mieux expliquée la vraie nature & qualité de ces Fiefs, par cette clauſe, " Au cas qu'ils " viennent à défaillir ſans Hoirs-mâles légitimes, ces " Principautés échéront au Roi & à la Couronne de " Bohème ; & les Etats & Sujets en reconnoîtront " pour Seigneur Naturel le Roi, ſes Héritiers & Suc- " ceſſeurs ; & leur en prêteront Homage & Obéïſſance :" & dans un autre endroit, la Faculté d'aliéner a été reſtrainte à ces conditions : " Que dans un cas de né- " ceſſité il leur ſeroit permis de vendre, ou d'engager, " après qu'ils en auroient fait préalablement l'ofre au " Roi, ſes Héritiers & Succeſſeurs, l'une ou l'autre " ville ou château * à quelqu'un de leurs " Vaſſaux, ou autre Homme & Vaſſal " Capable ; lequel ſera tenu, de la même " maniere qu'eux, de le recevoir en Fief, " & d'en faire Hommage au Roi, ſes Héritiers & Suc- " ceſſeurs.

* *Ein oder andere Stadt o- der Schloſs.*

Or quoiqu'en troiſiéme lieu, l'Auteur de la *Plus Aprochante* ou plus exaƈte *Déduƈtion*, à l'aide du mot *Erb-lehn, Fief beréditaire*, tâche de convertir ces Principautés en un Fief abſolument aliénable, duquel le Vaſſal peut diſpoſer librement à ſon gré & bon plaiſir, *ſans congé & conſentement* du Seigneur Dominant, & qu'il cite à cette fin des Auteurs qui traitent des ma- tieres Féodales :

§ V.

Il conſte néanmoins aux Connoiſſeurs verſés ès loix Féodales, combien l'Argument que l'on tireroit du mot *Erb-lehn*, pour en induire la qualité de Fief purement héréditaire & aliénable, eſt ſujet à caution [s] : C'eſt un Point décidé, par les plus célébres Juriſconſultes, que

les

---

[s] Voyez Roſenthal de Feud. c. 2. concluſ. 33. & ſeqq. Vultej. de Feud. l. 1. ch. 8, a. 24. Struv. Syntag. Juris Feud. c. 4. apo- rii. 13. n. 1.

les paroles *Erb & Erblich, Héritier & Héréditaire,* emploiées dans l'Investiture d'un Fief, doivent se raporter à l'Héritier Féodal & à sa Succession héréditaire dans le Fief, & qu'on ne peut inferer de là, que le Fief est devenu purement héréditaire & aliénable [h] : d'où il s'ensuit, que lorsqu'il est question de sa faculté d'aliéner, il faut recourir sur tout au contenu précis des Pactes établis entre le Vassal & le Seigneur du Fief [i] ; bien considéré, que dans les Fiefs Donnés, la présomption est toûjours, que le Fief est tel *Au propre,* & non pas *Feudum Improprium* [k].

§ VI.

AINSI, en vertu des Lettres de l'Oblation faite par le Duc Boleslas & ses Fils, la Succession dans les Principautés de Ligniz & de Brieg a été règlée uniquement pour les Héritiers Légitimes masculins par les paroles: *Heredibus masculis legitimis è corporibus nostris procedentibus,* &c. ce qui est ici une marque manifeste d'un véritable Fief masculin, *Feudi proprii, aut ex Pacto & providentia talis* [l], & qui plus est avec la condition positive, qu'au défaut des Héritiers mâles & légitimes le Fief retomberoit au Roi & à la Couronne de Bohème : l'Intimation éventuelle en a été faite réellement à cette fin, aux Etats & Sujets ; la Faculté d'aliéner a été donnée, mais restrainte en même tems à quelque Piece de Terre seulement, & dans un cas de Nécessité, bien loin de l'étendre à des Principautés entieres. Dans la suite le Duc Venceslas a renoncé tout-à-fait [m] à cette

B 2

Faculté,

---

[h] Gail. l. 2. obs. 154. n. 20. & seqq. Modest. Pistor. Volum. 2. cons. 45. Struv. suprà citat. loco. De plus Lynker, qui a été alégué par la Partie adverse in Resp. 76. n. 17. in verbis, afirme que c'est un Article décidé parmi les jurisconsultes que le terme *Erb-lehn* Fief *Héréditaire* n'importe nullement un Fief purement Héréditaire.

[i] Hornius Jurisprud. Feud. cap. 4. § 35.

[k] Herz. de Feud. Oblat. p. 2. § 40.

[l] Schrader, de Feud. Tom. I. p. 2. c. 3. n. 23, & seqq.

[m] Preuve n. 34. annexée à l'Information juridique.

[12]

Faculté, l'an 1360. & enfin les Ducs ſes Succeſſeurs ont prêté leur ſerment Féodal ſur ce même Réglement [n].

Par tout ceci l'Auteur de la Piece Poſtérieure devroit être convaincu, que ces Principautés n'ont nullement retenu la prétendue qualité d'Aleux ; & qu'au contraire elles ont pris la véritable nature de *Fiefs-Propres* & non aliénables : de telle ſorte qu'après [o] l'extinction du dernier mâle de la Tige maſculine des Piaſtes, ils devoient retomber au Roi & à la Couronne de Bohème, à l'excluſion de tout autre [p].

Pour ce qui eſt des Alégations qu'il fait des autres Auteurs comme de Ziegler, Rez, & Beſoldus, qui traitent *de Feudis purè Hereditariis & inalienabilibus* ; elles ne ſont pas aplicables au cas preſent, où il s'agit de Fiefs maſculins à la rigueur, & où le Droit de l'échéance & de Dévolution a été ſtipulé diſertement en faveur du Roi & de la Couronne de Bohème.

§ VII.

L'Avocat de la Partie ſe flate, en *quatriéme lieu*, de faire pancher la balance tout d'un coup en ſa faveur, par le poids qu'il prête aux *lettres de graces* des Rois Uladiſlas & Louis, par leſquelles le Duc de Ligniz & de Brieg a obtenu le conſentement de pouvoir aliéner, & atribuer à qui bon lui ſembleroit, au lit de la mort, & par voïe de Teſtament, ſes villes, Païs & Habitans, avec tous les revenus.

Mais autant qu'il eſt inconteſtable, par ce qui a été démontré, que les Ducs précédens pour eux & pour leurs Héritiers & Succeſſeurs, avoient ſtipulé & promis, qu'après l'extinction du dernier mâle de la Tige maſculine des Piaſtes, de Droit de conſolider, par dévolut, la Seigneurie utile avec la directe, devoit paſſer au Roi & à la Couronne de Bohème ; & que ſur ce règlement

ils

---

[n] Information juridique c. 2. § 8, 9, 10. Preuves n. 33, 35, 36.

[o] Struv. Syntag. Jur. Feud. c. 4. aphor. 12. n. 7. It. Hom. Juriſprud. Feud. ch. 4. § 36.

[p] 2. Feud. 12.

[13]

ils avoient baillé leurs Reversales, & prêté serment & Hommage, par où cette Couronne avoit déja aquis d'avance le *Jus quæsitum* ; autant incontestable est aussi tout ce qui a déja été mis en fait, dans *l'Information Juridique*, &c. ᵠ savoir que, non seulement ces deux Rois-là se sont laissé surprendre aux fausses representations du Duc Frideric, comme si sans cela, la Faculté absoluë & non limitée d'aliéner, de vendre, d'engager & de donner pendant leur vie, les Terres & Habitans, leur avoit déja été acordée dans les Lettres de l'Oblation du Fief ʳ. Mais aussi qu'on leur a célé leur Droit d'échéance, & particuliérement, que leurs Majestés s'étoient obligées Elles-mêmes envers les Etats, de la maniere la plus solemnelle, de ne pas aliéner de semblables Dévoluts, mais de les reserver à la Couronne ; par où le Consentement des Etats étoit essentiellement réquis pour de pareilles aliénations, & que par conséquent dans les circonstances de l'Afaire, lesdites *Lettres* qu'on nomma *Lettres de Grace* ou *de Majesté*, suivant toutes les Loix, ne sauroient être de la moindre valeur, ni produire aucun éfet ˢ.

Quant à ce qu'on alégue la Confirmation générale des Privileges, octroïée par l'Empereur Ferdinand I. comme il n'y est fait nulle mention de ces *Lettres de Majesté*, elle ne leur peut donner aucune nouvelle force, ni valeur.

§ VIII.

L'objection donc, que la Partie adverse opose en *cinquiéme lieu*, tombe de soi-même ; à savoir que la *Confraternité Héréditaire* ne donne pas la moindre ateinte à la Couronne de Bohème, atendu que non seulement tous ces Biens lui demeurent incorporés après

comme

____

ᵠ Informat. juridiq. ch. 2. § 13, 14, 15. Preuve 4 & 5.

ʳ Voyez dans le Prétendu Droit de Proprieté & de la Partie adverse les Preuves B, &c.

ˢ Grot. de Jur. Bell. & Pac. l. 2. c. 6. § 9. l. 7. cod. de diversis rescript. c. 2. x. de rescript.

comme auparavant ; & que tous les Droits de *Fidélité*, *de Services*, *d'Ouverture en cas de Défaillance avenuë fans précédente difpofition de Famille*, lui font expreffé- ment réfervés ; mais qu'en outre, fa Puiffance en feroit devenuë plus confidérable par la réunion du Fief de Ligniz aux autres Fiefs importans, que la Maifon de Brandebourg réleve de la Bohème.

Sophifme inutile.   N'eft il pas clair que bien que la Superiorité directe dût néceffairement refter à la Cou- ronne de Bohème, le Droit néanmoins du Dévolut & de la confolidation de l'une avec l'autre Seigneurie, au défaut des mâles de la Tige des Piaftes, lui auroit été enlevé tout à coup, & tranfporté en une toute autre Maifon ?

Or qui regardera une pareille enterprife comme in- diferente & ne portant aucun préjudice ? & qui le croi- ra, que la réunion de tant de confiderables Principautés, qu'ambitionne la Maifon Electorale [1], contre fes pro- meffes, dans la vûë d'acroître fes propres forces, devoit fervir à l'acroiffement de celles du Roiaume de Bohème ? Eh quelle voïe d'agrandir la Puiffance du Seigneur des Fiefs ! Quoi donc ; Le Traité de Confraternité hérédi- taire, & les illégitimes engagemens reciproques devoient produire cet éfet ? Non fans doute : on vifoit au con- traire à arracher à ce Roïaume le Droit de Reverfion même fur fes Fiefs importans, qu'y poffede, & en réleve la Maifon de Brandebourg ; laquelle tendoit à aporter, d'une maniere fort fenfible, une double diminution aux Droits & à la Puiffance de la Couronne.

§ IX.

Les chofes étant en cette fituation, (& l'expérience de ce qui s'étoit paffé dans le Duché de Croffen, où les Feudataires Brandebourgeois, par voïe de fait s'étoient fouftraits à concourir aux Contributions, n'avoit que trop fait comprendre, qu'il en revenoit plus de dom- mage

---

[1] Voyez ci-deffus ch. I. § 9.

mage que d'utilité) il ne fera pas fi dificil, que fe l'imagine la Partie, de concevoir, que ç'a été en conformité des loix, & en bonne confcience, que les Etats du Roïaume dans leur Addreffe de Rémontrances, auffi bien que le Roi Ferdinand dans fa fentence de Caffation ont foûtenu, " que la Confraternité & l'Hom-
" mage Héréditaire étoient contraires à la Couronne
" de Bohème, à fes anciennes Libertés, Droits, Juftices,
" Conventions, Conftitutions, Unions, Incorporations
" des Propriétés aquifes, comme auffi à fon agrandiffe-
" ment, très-nuifibles à l'utilité publique, & par-là
" nulles & fans valeur quelconque.

<h3 style="text-align:center">§ X.</h3>

Dans la fixiéme Objection l'Auteur de la poftérieure *Déduction* prend le biais d'adapter à l'avantage de fa Caufe ces paroles de la fentence de Caffation : " Toutes les Négociations qui font contraires aux
" Conventions, Réunions & Aquifitions en Propriété,
" & qui tendent au Dommage du Roïaume, feront
" nulles, annéanties & cenfées comme non avenuës." Il tourne, dis-je, ces paroles à fon profit, & en veut conclure, qu'à point nommé par la même raifon, les deux Traités de 1686, & de 1694. font & doivent être nuls & non valables.

Mais ceci eft d'autant moins foûtenable, que la Maifon de Brandebourg n'aïant jamais eu un Droit bien fondé fur les deux Principautés de Ligniz & de Brieg ; n'a pû perdre quoi-que ce fut par ces Traités, qui plûtôt lui ont été fort avantageux, fuivant ce que nous prouverons ci-après ; & qu'au contraire la Confraternité héréditaire aïant porté atteinte à la Couronne de Bohème, la Caffation en a été promulguée avec juftice.

<h3 style="text-align:center">§ XI.</h3>

La feptiéme Objection mérite encore moins d'atention. L'Auteur penfe prouver par les Hiftoriens du Pais, que les Duchés de Siléfie ont été aliénables dès leur origine ; & qu'ils font paffés d'une Famille à l'autre par contracts de Vente ou de Mariage, Difpofitions

Tefta-

Teftamentaires & Confraternités Héréditaires ; fans que les Rois de Bohème, & encore moins les Etats aïent été confultés là-deffus : " C'eft ainfi, dit-il, qu'encore de " nos jours les Princes de Lichtenftein, d'Auersberg, " & de Lobkowitz fe trouvent en poffeffion de diverfes " Principautés aquifes, partie par achat, partie par " d'autres voïes, fans en avoir eu le confentement des " Etats, &c." Mais il devoit obferver qu'il ne fait rien à la fubftance de l'Afaire, que ces Principautés dès leur origine aïent été aliénables ou non. Le point ef-fentiel de la Difpute eft, qu'il falloit démontrer, qu'el-les ont retenu cette nature & cette qualité, après qu'el-les ont été ofertes en Fief & incorporées au Roïaume de Bohèmie. Au moins les Ecrivains que la Partie alé-gue, n'en font aucune mention v & d'ailleurs on ne peut pas leur ajoûter beaucoup de foi, par raport à ces fortes de faits, dont on ne trouve les Enfeignemens po-fitifs, que dans les Archives ; ce qui eft confirmé par le pitoïable fuccès, qu'ont les Citations faites à ce fujet par l'Avocat de la Partie w.

Les Pieces Originales, au contraire, fubfiftant dans les Archives de Bohème & de Brandebourg-même, font foi, que non feulement à l'ocafion des Aliénations de quelques Principautés, Seigneuries, ou Lambeaux de
Terres

---

v Henclius afirme aux endroirs cités p. 223, 234, 289, 296. le contraire ; il dit que toutes les fois, que la Tige mafculine d'une Famille a manqué, les Fiefs font écheus au Roi & à la Couronne de Bohème : Et à la p. 329. il dit, que Ferdinand I. n'a pû bailler en gage la Principauté de Sagan au Margrave George, qu'avec le con-fentement des Etats.

w *Lucas à la page* 753. citée par la Partie, dit, que le Roi Louis a fait prefent de la Principauté de Jagerndorf au Margrave George de fon pouvoir Roïal & par fon Droit Propre & Héréditaire, qui lui compétoit ; ce qui néanmoins eft une fauffeté manifefte. *Voyez Informat. Juridique, &c. ch.* 1. § 10, 11. La Confraternité héré-ditaire faite avec le Roi Ottocare, que cet Hiftorien raporte p. 1666. étant avenuë après l'incorporation avec la Couronne, n'apartient nul-lement au cas. *Auprès de Henclius au contraire aux pages aléguées* 222, 766, 996, 1001. ne fe trouve rien toûchant cette matiere ; & la page 1682. qu'on a auffi citée, ne fe trouve point dans ce livre.

Terres apartenants à la Couronne ; mais auſſi dáns les ocurrances où ſemblables Terres ſe donnent en Fief, le conſentement des Etats y eſt néceſſaire eſſentiellement. C'eſt pour cela, que lorſque le Margrave Jean-George fut à la veille d'ètre inveſti, par l'Empereur Maximilien, des Seigneuries de *Storkau & de Pelkau*, aſſiſes dans la Luſace inférieure, il a dû rechercher le conſentement des Etats dans l'Aſſemblée publique Provinciale de Bohème l'an 1575. pour donner à cet Acte toute la validité réquiſe, comme il apert par les Lettres d'Inveſtiture, & par le *Récès* de cette Aſſemblée.

Le fameux *Récès de tradition de la Luſace* nous aprend pareillement, que Ferdinand III. dans le délaiſſement de la Partie Supérieure & Inférieure de cette Province, a ſur tout requis le conſentement de Bohème. On délibera ſur ce conſentement, & il fut inſéré en éfet dans ledit *Récès de la Diète Provinciale* l'an 1636.

Il en eſt de-mème des Principautés que les Princes de Lichtenſtein, Auersberg & Lobkowitz ont aquiſes, pour avoir bien mérité de la Couronne, & qu'ils poſſedent du conſentement des Etats, dont ils ſont conſorts, & dont ils font eux-mèmes Partie. Car ce qu'on avance au ſujet des Principautés, qu'on dit avoir été aquiſes en partie par achat, en partie par d'autres Titres, ſans l'aveu deſdits Etats, n'étant apuïé de la moindre Preuve, ne mérite aucune réponce.

§ XII.

Au reſte, on a déja abondamment fait voir dans l'*Information juridique*, que Frideric Duc de Ligniz & de Brieg, conjointement avec ſes Fils, n'aïant pû par la Confraternité Héréditaire, ni changer, ni ôter, ou transférer ailleurs le Droit d'échéance de ces Principautés, que leurs Ancètres, longtems auparavant, avoient ofert & ſtipulé au Roi & à la Couronne de Bohème, au cas de la Déſaillance des mâles de la Tige maſculine, *in caſum deficientis Prolis maſculæ* ; les Etats du Roïaume ont été en droit de propoſer leurs Griefs contre

le

le Duc Frederic & ſes Fils, en proteſtant de nullité contre cet Acte informe ; que de plus l'Etat de la controverſe à été afermi & la compétence du Juge reconnue des deux côtés, ſelon l'ordre juridique, par quatre Apointemens.

Que le jugement en a été porté avec connoiſſance de Cauſe, & qu'il n'y avoit aucune raiſon néceſſaire de citer à ce ſujet la Maiſon Electorale ; puiſque le mérite de la Cauſe dépendoit uniquement de la validité ou invalidité du fait de Frideric Duc de Ligniz & de ſes Enfans : & que conſéquemment ladite Maiſon a dû ſe contenter de ſe que le Juge & le Droit ont décidé làdeſſus contre ſes Contractans :

Qu'en conſéquence de cela, les Proteſtations qu'on a interjettées en contre, ont été vaines & inutiles :

Que non ſeulement le Duc Frideric & ſes Fils, mais auſſi les Ducs leurs Succeſſeurs [dont les Reverſales ſubſiſtent en original] ſe ſont ſoûmis à cette Déciſion ; & qu'aïant compris l'irrégularité de l'enterpriſe, ils ont abandonné le Titre de cette Confraternité, & ont engagé les Etats & Sujets à prêter réellement l'Hommage éventuel au Roi & à la Couronne de Bohème.

Que la Maiſon de Brandebourg aïant à la fin reconnu, que par le *voïe de Droit*, elle n'avoit rien à chercher touchant ces Principautés, a eu recours à *celle de demander en grace*, & de prier l'Empereur de lui octroïer au moins une ſeule de ces Principautés ; & enfin qu'elle a tâché de ſe procurer auſſi le conſentement des Etats de Bohème ſi néceſſaire à cet éfet.

Par cet expoſé il n'eſt pas poſſible qu'on ne voïe rejaillir ſur ces Ecrivains audacieux la honte du reproche efronté & ofençant, qu'ils font à l'Empereur Ferdinand I. pour fletrir ſa mémoire, en lui imputant d'avoir, contre toutes les loix, ſuborné les Etats du Roïaume de Bohème à faire ce recours & ces Proteſtations contre l'attentat de la Confraternité, & d'avoir rendu la Sentence de Caſſation *ex falſa cauſa, in cauſa propria,*

propria, non citata domo Brandenburgica, & par ainſi contre le Droit de la Nature, & celui de l'Empire.

CHAPITRE III.

De la prétenduë Invalidité des Traités de l'an 1686, & 1695.

§ I.

COmme la Nullité des Prétentions Electorales de Brandebourg a été miſe en évidence, tant par l'*Information juridique & conforme aux Actes* [a], que par la preſente Réponſe à la *plus Aprochante Déduction,* il a été de même clairement démontré dans ladite *Information,* que l'Empereur Leopold n'a nullement été pouſſé à conclure la Convention de l'an 1686. par quelque obligation juridique ; mais qu'il s'y eſt prêté en y mettant du ſien, en partie pour le ſalut de tout l'Empire, en partie dans la vûë de gagner l'Electeur Frideric-Guillaume pendant les embaras de la Guerre en Hongrie & ſur le Rhin [b] : que cette Convention en particulier a été uniquement avantageuſe à la Maiſon Electorale [c], de maniére que l'Ecrivain contraire n'a nul autre motif de la combatre maintenant, aprês que le Pere & l'Ayeul du Roi de Pruſſe, aujourdhui Regnant y ont acquieſcé, que celui de donner une couleur mandiée à ſes exorbitantes opérations actuelles.

§ II.

VOICI le dénombrement des motifs ſpécieux qu'il aporte. 1°, " Le Traité de 1686. eſt nul à cauſe de " l'Aliénation & Renonciation qui y ſont contenuës ; " parce qu'elles ont été ſtipulées ſans le conſentement " des Etats de Ligniz, Brieg & Wolau, qui n'avoient

C 2

" déja

---

[a] Voyez Informat. juridiq. ch. 1, & 2. d'un bout à l'autre.
[b] Ibidem ch. 3. § 1, 2, 4. 5. juſqu'au § 6.
[c] La même chapitre 3. § 9, & 10.

" déja fait Hommage à la Maifon Electorale." Nous adoptons fans répugnance le principe, qu'à ce propos, il emprunte de Grotius, qui dit, que le Seigneur du Païs n'eft pas en droit de l'aliéner fans le confentement des Etats ; puifque cette Doctrine donne à point nommé une nouvelle force à la verité de notre Affertion : *que les Lettres de Grace ou de Majefté*, qu'Uladiflas & Louis Rois de Bohème ont acordé à Frideric Duc de Ligniz & de Brieg, font du même chef nulles & non valables ; attendu qu'elles ont été octroïées fans l'aveu des Etats de Bohème.

Mais quoi donc ? eft ce que de-là on conclura que le confentement des Etats de Ligniz & de Brieg étoit néceffairement requis à la Convention de 1686. Non certes. Car fuivant ce qui a été démontré, la Maifon de Brandebourg n'a jamais eu un Droit avèré fur ces Principautés ; & par une fuite néceffaire la Confraternité Héréditaire ainfi que l'Hommage fubféquent, ont été des Actes vains par foi-même, & de nulle force : En outre, lefdits Etats-mèmes, reconnoiffant l'invalidité de leur Hommage, l'ont revoqué, & ont tout de nouveau juré foi & fidélité à leur Roi & Seigneur legitime [d].

§ III.

2°, On ne difconvient pas abfolument, qu'en fait de Fiefs le Poffeffeur ne puiffe, par fes Renonciations, aporter préjudice au Droit des Succeffeurs apellés : Mais on doit ici confidérer, que la Renonciation de l'Electeur contenuë dans le Traité de 1686. n'a pas eu pour objet la Poffeffion actuelle du Fief, ni un Droit réel ; mais qu'elle n'eut pour objet qu'une vaine Prétention, qui conftamment avoit été contredite & rejettée ; & qu'ainfi les paffages des Juriftes que l'on alégue, ne fauroient avoir lieu dans l'aplication au cas.

Outre cela, cet Acte de Renonciation a été ratifié folemnellement, non pas par le feul Prince Electoral
Frideric

---

[d] Voyez Informat. juridique ch. 2. § 18. & Preuve n. 40, & 41.

Frideric Succeſſeur immédiat, qui donna ſes *Lettres Reverſales* e : mais auſſi par le plus proche f Agnat : au moïen de quoi, tout ce qui eſt requis, ſelon les loix, à l'aliénation d'un Fief actuellement poſſedé, a été ici mis en œuvre à ſurabondance de droit g.

De plus, le Roi de Pruſſe eſt obligé, ſelon toutes les loix, à ne pas démentir le fait de ſon Ayeul & de ſon Bis-ayeul : Il eſt tenu à obſerver religieuſement les Pactes des années 1686, & 1694. Il eſt devenu Héritier univerſel, mais il n'eſt né que longtems après la concluſion de ces Traités. Il n'y a point de Juriſconſultes qui ſoûtiennent, qu'en pareilles circonſtances, les Renonciations ne lient point les Petits-Fils ; autrement il faudroit auſſi inférer, que tout ce que la Maiſon de Brandebourg a jamais poſſedé & aquis, *ex Pacto & providentia majorum,* & qu'elle a depuis aliéné pour ſon propre intérèt, elle pourroit le revendiquer à main armée dans toutes les ocaſſons favorables, tant que le monde ſera monde. Or ſi le même Droit devoit reciproquement compéter aux autres Maiſons ſouveraines contre la Maiſon de Brandebourg ; cela donneroit ocaſion à perpétuer entre tous les Etats de l'Empire les guerres à l'infini.

Dans le fond, il n'eſt rien arrivé à la Maiſon Electorale par ces deux Traités, ſi non qu'elle en a retiré un avantage réel ; en ſe relâchant, en échange, des Pretentions qui avoient été fermement rejettées de la part du Roïaume de Bohème, & dont on avoit conſtamment déja remontré l'inſufiſance à l'Electeur.

C'eſt pourquoi aucun Juriſconſulte ne pourra ſoûtenir, que nul ſouverain ne peut quiter de pareilles Prétentions d'une maniere, que ſon Petit-Fils, à l'ocaſion favorable, ne ſoit en droit de les reprendre : maxime, qui devroit aporter le plus grand dommage à la Maiſon Roïale

---

e Voyez la Preuve n. 47. anexée à l'Informat. juridique.
f Voyez Preuve n. 49.. anexée à l'Informat. juridique.
g 2. Feud. 39.

Roïale de Prusse même, & lui ôter l'avantage de transi-
ger avec les autres Puissances & Etats, pour jouir de la
paix & du repos.

§ IV.

3°, C'est aussi sans fondement, mais non pas sans
calomnie, que l'on met en avant, que ledit Traité a été,
de la part de la Cour Impériale, une manœuvre simu-
lée, qui ne peut avoir de consistance suivant les loix,
& qui n'a pû obliger le Prince Electoral-même.

Parceque, suivant ce qui a été exposé dans l'*Information juridique*[h], la Cour de Brandebourg a résuscité
& poussé ses vaines Prétentions le plus vivement au
tems-même, au quel l'Ottoman avoit pénétré dans
l'Autriche, & que l'Empire étoit menacé d'une autre
Guerre. Dans ces périlleuses conjonctures[i] l'Empereur Léopold de glorieuse mémoire, fut contraint, en
quelque façon, de ceder en ceci à la puissante Maison
de Brandebourg, dans la vûë de la retenir au moins
dans ses liens avec l'Empire.

D'autant plus qu'il est certain, que l'Electeur Frideric-Guillaume étoit alors à la veille de conclure avec
une Puissance étrangere un Traité fort nuisible à tout
l'Empire, ainsi qu'à sa propre Maison : Ce fut pour le
divertir de ce dessein, que le Prince Electoral Frideric,
depuis Roi de Prusse, s'adressa à l'Empereur Léopold,
pour l'émouvoir, par ses plus touchantes instances, à
vouloir bien conceder à son Pere, sa vie durant, le cercle
de Schvibus, moïennant les Lettres Reversales, par les-
quelles il s'obligeoit d'en faire le restitution à son ave-
nement à l'Electorat, atendu que c'étoit là l'unique
moïen de le détourner de l'Alliance qu'il méditoit.

Les vûës dangereuses qu'avoit alors le Ministére de
Brandebourg, se trouvent détaillées dans les Relations
du

---

[h] Voyez Information juridique ch. 3. § 2.
[i] Voyez en le propre aveu de la Partie, dans l'Imprimé : Droit de
Propriété ch. 3. § 6. it. Voyez l'Informat. juridique ch. 3. § 6.

du Baron de Fritag, pour lors Miniſtre de l'Empereur en cette Cour, comme il les avoit apriſes, tant du Prince Electoral-mème, que d'autres Perſonnes de miſe, & bien afeƈtionnées ; avec de telles circonſtances, que le Public ſeroit fort ſurpris ſi l'on en divulgoit les Anecdotes, & ſi l'on n'aimoit pas mieux épargner, autant qu'il eſt poſſible, le nom du Grand Frideric-Guillaume, d'ailleurs tout Magnanime, tout bien intentionné : s'il étoit néceſſaire, on en pourroit produire l'original dans toute ſon étenduë. Cependant à fin que le Monde n'ignore totalement, où viſoit cette nuiſible Alliance, nous extrairons ſeulement de la Relation du 21 Janvier de l'an 1686. le Narré qui ſuit.

La ſeconde Femme de Frideric-Guillaume aimoit fort ſon Fils aîné le Margrave Philippe, & ne portoit gueres d'afeƈtion au Prince Electoral Frideric né du premier lit : Elle avoit conçu l'eſpoir de procurer à ſon Fils Philippe la Pomeranie Suédoiſe nouvellement conquiſe, au cas qu'elle vint à reſter au Vainqueur ; par où il falloit que ce Duché fut démembré de la Couronne Electorale. Le coup manqua, par le Traité de Paix ſubſéquent de Nimégue, la Pomeranie fut renduë à la Suede, & le Gens mal intentionnés & ſubornés inſinuerent à l'Electrice, ainſi qu'à l'Electeur, que la Cour Impériale ne lui ſouhaitant pas la Poméranie, avoit contribué à la faire reſtituer à la Suede.

Du moment que ces Gens connurent avoir réuſſi à animer l'Electeur contre l'Empereur, ils travaillerent de toute leur puiſſance à efectuer de plus en plus leurs projets, à l'ocaſion des troubles qui s'étoient élevés entre l'Empire & la France, comme l'on ſçait, à cauſe des *Chambres de Réunion & Dépendances*, ils ſoliciterent l'Electeur à ſe ſouſtraire à l'Empire, à s'allier avec cette Couronne pour lors Ennemie, à la rendre Dépoſitaire de ſon Teſtament, à y lier les mains du Prince Electoral autant qu'il ſeroit poſſible, & enfin à le contraindre d'adhérer, bon gré malgré qu'il en eut, à cette Alliance étrangere.

Ils

Ils obtinrent tout ceci de l'Electeur, dont l'esprit étoit encore irrité & en couroux, dès le 19 Janvier 1680. à la réserve que le Testament dont le seul Chancelier Jena, & un Secretaire avoient le Secret, fut encore tenu caché jusqu'à l'an 1681. Ce fut le 18 May de la même année, que dans le Conseil privé, on proposa au Prince Electoral d'y endosser sa Signature, avec celle des autres Conseillers.

Les Donneurs d'avis subornés allerent plus avant dans leurs industrieuses intrigues. L'an 1685. ils s'apliquerent enfin à porter l'Electeur à la résolution d'envoier son Testament au Roi de France. Le Prince Electoral averti, par ses Conseillers & autres afidés, de cette manœuvre, & des périlleuses conséquence qu'elle envelopoit à son égard; de son propre mouvement, prit ocasion de s'en expliquer le premier au Ministre Impérial le Baron de Fritag ; ce qui se passa au mois de Janvier de l'an 1686. comme il apert par la Relation.

Ce Prince témoigna au Baron de Fritag la forte répugnance & le chagrin qu'il sentoit, de ce que l'Electeur son Pere se dût trouver assujetti, pour ainsi dire, au vouloir & bon plaisir d'une Puissance étrangére, par le dépôt du Testament, & par l'Alliance déja concluë.

La situation des afaires générales étoit alors telle, qu'on pouvoit facilement prévoir une nouvelle guerre avec cette Couronne, laquelle s'aluma en éfet l'an 1688.

Enfin le Prince Electoral demanda conseil à ce Ministre Impérial, & le pria d'emploïer tous ses soins pour conjurer la tempête.

C'est là, ce qu'on a trouvé convenable de publier des Relations du Baron de Fritag, dans la vûë de faire savoir,

1mo, Qu'on n'a emploïé ni menaces, ni ruses, ni finesses pour extorquer du Prince Electoral les Lettres Reversales.

2do, Que

[25]

2do, Que ce Prince de foi-même a penfé aux moïens
de parer le coup, & de détourner les fuites d'une Alliance étrangére, qui lui paroiffoit fi préjudiciable ;
& que c'eft lui, qui a fait pour cela les premieres dé-
marches, fans en être follicité précédemment de la
part de la Cour Impériale.

Autant que la vanité des Prétentions fur la Siléfie
lui étoit connuë, autant concevoit-il, que pour éven-
ter les Sufdits pernicieux deffeins, il n'y avoit d'autre
reméde, que celui de conjurer l'Empereur Leopold,
qu'il voulût bien gagner l'Electeur par la ceffion du
Cercle de Schvibus ; l'engager dans une étroite alliance, & par-là éteindre, une fois pour toutes, les Prétentions, déja avouées comme induées & non receva-
bles, par le Prince Electoral même.

La Dificulté étoit feulement d'y faire venir l'Empereur ; ce qu'il favoit bien être impoffible, fi la ceffion
de ce Cercle eut dû fe faire à perpétuité. C'eft pourquoi il fit l'ofre volontaire de fes Lettres Reverfales,
qu'il configna au Baron de Fritag, avant même que
le Traité d'Alliance entre l'Empereur & fon Pere fut
arrêté & figné.

L'expédient que le Prince Electoral avoit propofé
de fon chef, pour regagner fon Pere, réuffit à fouhait.
L'Electeur contracta avec l'Empereur Léopold une Alliance fecrete, par laquelle il renonça à toutes fes Prétentions fur les Principautés de Siléfie ; changea fon
Teftament, & en biffa tous les chefs, qui y avoient été
inférés au préjudice du Prince Electoral, & enfin le
mit en dépot dans la Chancellerie de l'Empire.

La vérité de ce recit fe trouve confirmée dans l'Hif-
toire de cet Electeur écrite par Puffendorf, fur les
mémoires tirés des Archives de Brandebourg ^k.

Car il ne fait aucun miftere de ce que l'Electeur a
été dans la perfuafion, que par jaloufie & par envie;

D   on

----

^k Puffendorf Hiftor. Frideric Wilhelm. l. 18. § 1.

on n'avoit pas voulu lui laiffer la poffeffion de la Poméranie : de même que des Gens mal-intentionnés
ont imputé à Hocher Chancelier de la Cour Imperiale, d'avoir imprudemment dit, qu'on ne pouvoit laiffer à l'Electeur la Poméranie, puifqu'on ne vouloit
point avoir un Roi des Vandales.

Cette fauffe impreffion, marque Puffendorf, & le
trifte afpect de fon Païs abîmé, joint à des grandes
Dettes, avoient déterminé l'Electeur à rechercher la
confédération de la France ; qui s'y étant montrée af-
fez indifferente, & fur-tout aïant fait la fourde oreille
à la propofition de l'avance d'Argent, l'Electeur à la
fin dût fe contenter, & conclure fur ce qui lui a été
acorde par cette Couronne.

Il ne nie pas non plus, que l'Electeur s'en eft tenu
à cette Alliance depuis 1680. jufqu'en 1685. [l] & qu'en
cette même année, il a donné des nouvelles affûrances
[m] de vouloir y perfévérer. Que d'un autre côté il
avoit envoïé Schvérin à Vienne le 27 Janvier 1685.
afin, qu'entre autres commiffions, il y pouffât très-
vivement fes Prétentions fur les Duchés & Principautés de la Siléfie ; lequel a auffi dû déclarer le 23 May
que fon Maître n'étoit nullement difpofé à foliciter
longtems auprès des Miniftres Impériaux, pour obte-
nir ce qu'il pouvoit demander avec juftice ; que quoiqu' on lui ait répondu fur l'heure, que l'Electeur n'a-
voit aucune jufte Prétention fur les Duchés de Ligniz,
Brieg & Wolau, & que fon Pere s'en étoit défifté ; il
n'avoit néanmoins pas laiffé de pourfuivre fa demande [n]. De-là vint, que lorfque Fritag, dans la même
année, demanda à Berlin le fecours contre le Turc ;
l'Electeur n'en voulut acorder aucun, finon, à condition qu'on le fatisferoit, touchant les Duchés de Siléfie [o]. On en refta là, jufqu'à ce que l'Electeur, las

de

---

[l] Id. l. 19. § 11.

[n] Idem l. cit. § 2.

[m] Id. l. 14. § 11, feq.

[o] Idem l. cit. § 25.

de l'Alliance étrangére, conclut avec l'Empereur celle de l'an 1686.

Ce raport, pris d'un Ecrivain qui ne sauroit être suspect, joint à l'état notoire des afaires de ce tems, fait voir, non seulement, que la Cour Impériale n'a rien voulu ni pû extorquer par menaces, rufes, ou supercheries; attendu qu'elle avoit un grand besoin du secours de la Maison de Brandebourg contre le Turc, & par-là a été plûtôt contrainte à dissimuler les menaces de cette autre Cour; mais il s'acorde en outre avec la Relation de Fritag, dont nous venons de donner un Extrait, excepté que Puffendorf a omis, ce que Fritag raporte touchant le Dépôt du Testament, aperemment, à cause qu'il ne lui a pas parû decent de marquer cette circonstance; d'autant plus, qu'après l'Alliance concluë avec l'Empereur, cet Acte à été cassé, & le Prince Electoral mis en sûreté.

Il y a donc ici deux diférentes Négociations à remarquer. L'une ménagée avec l'Electeur, concernant l'Alliance & la Renonciation, qui y est contenuë, aux vaines Prétentions sur la Siléfie; l'autre avec le Prince Electoral, touchant la restitution du Cercle de Schvibus, après le trépas de son Pere à la place d'autres Satisfactions, dont on étoit convenu.

La premiere a eu pour objet l'utilité, la conservation de la Maison Electorale, & uniquement son avantage. L'autre a été procurée & solicitée par le Prince Electoral, pour sauver sa propre Maison, qui l'a confirmée lui-méme, posterieurement, par un acord particulier l'an 1694. par l'actuelle restitution de Schvibus [p], & puis encore par le *Traité de Couronne* de l'an 1700 [q].

Où gît donc la fraude, le dol & la supercherie, dont les preuves font requifes pour déclarer un Acte vicieux

cieux

---

[p] Voyez Informat. juridique contre &c. ch. 3. § 9. Preuve n. 50, 51, & 52, & suiv.

[q] Information juridique ch. 3. § 10.

cieux du chef de fimulation [r], que l'Ecrivain, fans pudeur, reproche à Ferdinand I. & à un Miniftére auffi vénérable qu'étoit celui de cet Empereur ?

N'a-t-on pas religieufement tenu tout ce qui avoit été ftipulé avec l'Electeur ? Le Prince Electoral, de fon côté, n'eft-il pas entré dans fes engagemens purement pour éviter un plus grand mal, qui menaçoit l'Empire, & fa propre Perfonne ? & puis, dans la vûë d'empêcher qu'une Contrée auffi confiderable, qu'eft celle du Cercle de Schvibus, ne fut arrachée à tort, & pour toûjours, de la Couronne de Bohème ?

Tous ces motifs ne fufifent-ils pas pour montrer, que l'obligation de ce Prince étoit fondée dans le Droit de la Nature & des Gens [s], tellement qu'ils méritoient bien une autre compenfation, que n'eft le reproche de fupercheries & de fraudes ? Il eft bien fûr, que par le Traité de l'an 1686. on a prefervé la Maifon de Brandebourg d'une Sciffion interne, & par ainfi de fa ruine ; & qu'au furplus elle à été gratifiée de l'Ufufruit, & de la jouiffance du Cercle de Schvibus, pendant plufieurs années ; outre la ceffion confidérable des Droits fur l'Oft-Frife. Ce nonobftant la Partie adverfe ne pouvant rien produire de folide contre la validité de ce Traité, tâche, felon fa coûtume, de prêter à l'afaire des fauffes couleurs, en y ajoûtant des termes illicites & injurieux ; au point de ne pas ménager même le Miniftére de l'Electeur & la Perfonne du Prince Electoral : méthode qui ne lui aquerera pas grand honneur auprès des Perfonnes de difcernement.

4°, II

---

[r] L. 6. ff. de probat. L. 6. eod. de dolo malo.

[s] Voyez Grot. de Jure Bell. & Pac. l. 3. c. 1. § 7. l 1. § 2. ff. de dolo malo & ibi : poffe fine dolo malo aliud agi, aliud fimulari, ficuti faciunt, qui per ejufmodi diffimulationem deferviunt & tuentur vel fua vel aliena.

4°, Il a déja été furabondamment prouvé [t], que les Pactes de Famille de la Maifon de Brandebourg n'ont pû légalement donner ateinte aux Droits & aux Conftitutions, beaucoup plus anciennes & authorifées, de la Couronne de Bohème ; & que la Partie auroit mieux fait, de ne pas tirer fes argumens de ce lieu commun, dans le cas dont il eft queftion ; atendu que, fuivant les mêmes Principes, aucune Puiffance étrangére ne pourra plus contracter fans rifque avec la Maifon Electorale.

Doncques, le prétendu motif, qu'il n'eft pas permis à aucun Poffeffeur des Terres de cette Maifon d'en aliéner la moindre parcelle, mérite d'autant moins d'être réfuté plus au long, que ce qu'on y préfupofe, eft toùjours en l'air ; favoir que la Prétention eft fondée en Droit.

§ VI.

5°, L a Déraifon de cette Hypothéfe combat & détruit en même tems le prétexte de la *Lézion d'outre moitié & très-énorme* ; puifque rien de tout cela ne peut avoir lieu, lorfque la Prétention eft manifeftement mal-fondée & injufte.

§ VII.

6°, L e reproche, qu'on fait à la Maifon Archiducale, de n'avoir pas rempli ce Traité de fon côté, eft pareillement deftitué de toute verité, fuivant ce qui a déja été démontré [v].

§ VIII.

7°, Q u a n t à la Propofition, qu'aucun Prince ne fe peut obliger du vivant de fon Pere, elle n'eft fondée ni dans la Loi de la Nature, ni dans les Conftitutions de l'Empire : par lefquelles il confte plûtôt, que pareilles Renonciations peuvent fort bien fubfifter, principalement par raport à un Prince, auquel la

Succeffion

---

[t] Informat. juridique ch. 3. § 3.
[v] Informat. juridique ch. 3. § 8, 10, 14.

Succeſſion Héréditaire paternelle eſt duë par ſon propre Droit, & lequel dans le tems de la Concluſion du
Contract, & déja long-tems auparavant, étoit parvenu à l'âge de Majorité; & qui n'a obligé ſon Pere à
quoique ce ſoit; mais qui s'eſt obligé uniquement ſoi-
même, ſes héritiers & ſucceſſeurs, à rendre le Cercle
de Schvibus à ſon avénement à la Régence [w].

§ IX.

8°, Ce n'eſt qu'un ſubterfuge, d'afirmer que le
Prince Electoral, jeune & n'étant point informé des
Droits de ſa Maiſon, s'eſt laiſſé induire, par toutes
ſortes d'inſinuations, à faire les Lettres Reverſales : &
que par conſéquent nulle action ne peut décendre, ni
être intentée du chef de la Promeſſe. Car, comme il
n'a déja été mis en fait que de reſte [x], ce Prince avoit
alors déja atteint ſa vingt-neuviéme année; Il étoit
très-bien informé du peu de fondement de ces Prétentions; Il avoit meurement conſidéré de quelle conſéquence étoit l'Alliance depuis peu concluë, & quel
danger il en pouvoit réſulter à ſa Maiſon Electorale;
Il avoit requis le Conſeil & l'aprobation de l'un de
ſes plus proches Parents; & enfin il avoit avec em-
preſſement prié l'Empereur, de vouloir bien ceder le
Certle de Schvibus à l'Electeur ſon Pere ſa vie durant;
en promettant volontairement, par ſes *Reverſales*, de
le rendre après le décès d'icelui. Voïons maintenant,
ſi dans la ſuite de toutes ſes opérations, il ſe trouve
la moindre trace d'une délibération prématurée, ou de
quelque

---

[w] Grot. cit. ex adverſo l. 2. c. 11. § 8. n. 1. cujus formalia ge-
nuina hæc ſunt : materiam promiſſi quod attinet, eam oportet eſſe
NB. aut eſſe poſſe *(ces paroles ont été omiſes à deſſein par la Partie)*
in jure promittentis, ut promiſſum ſit efficax. Idem, dicto loco
n. ſeq. 2. in verbis: quod ſi res tunc non ſit in poteſtate promittentis, ſed eſſe aliquando poſſit, erit in pendenti efficacia, quia tum
promiſſio cenſeri debet ſub conditione, ſi res in poteſtatem vene-
rit. Add. l. 39. ff. de oblig. & act. l. 5. § 1. ff. quod cum eo qui
in aliena poteſtat.

[x] Informat. juridique ch. 3. § 5, 6, 7, & 10.

quelque induction & impulſion pratiquée ſous main, comme l'Auteur opoſant, ſans raiſon & indiſcrete-ment oſe l'afirmer.

§ X.

A ʟ ᴀ fin, c'eſt *Exceptio metus* [l'auroit on crû?] qui eſt derechef apellée au ſecours par cet Ecrivain. C'eſt encore l'excuſe de la crainte & des menaces de violente exécution, dont on doit avoir uſé pour forcer l'Electeur Frideric à ſe deſſaiſir du Cercle de Schvibus. O, le bel expédient pour ſe tirer d'afaire ! ſi par ha-zard on n'eut déja éludé l'éfet de cette chicane, par la production des Actes ʸ de la Négociation ; qui font voir,- que l'Electeur Frideric, perſuadé, par les Ré-montrances du Miniſtére Imperial, contre les dificultés controuvées & interjettées en ſon nom, pour traîner la reſtitution promiſe du Cercle de Schvibus, s'eſt déter-miné volontairement à l'éfectuer, & qu'il a là-deſſus conclu un nouveau Traité, par lequel ſans aucune obligation précédente de la Cour Imperiale, il a im-petré divers nouveaux avantages, & principalement celui qui lui fraïa le chemin à la Couronne Roïale: qu'en cette conſidération il a fait exécuter lui-même ce deſſaiſiſſement, & a conſigné les Documens qu'il avoit en main touchant Schvibus, & enfin confirmé de nouveau la Convention de l'an *1686.* dans le *Traité de Couronne* en 1700. En dernier lieu, que poſtéri-eurement, parvenu à l'Electorat, il a repeté, ratifié & rempli en paroles & en éfet, avec connoiſſance, toutes les obligations qu'il avoit légalement contractées, n'é-tant encore que Prince Electoral, & auxquelles il s'é-toit engagé pour lui, ſes Héritiers & Succeſſeurs ᶻ.

§ XI.

ʸ Informat. juridiq. ch. 3. § 6, 10, & 11. Preuve n. 50.

ᶻ Grot. l. 2. c. 11. § 4, 161. unde ſequitur ut promiſſa ſpectentur venire ex natura immutabilis juſtitiæ, quæ Deo & omnibus his qui ratione utuntur, ſuo modo communis eſt.

§ XI.

OR; qui l'auroit penſé ? Nonobſtant cela, ces Contraɛts ſolemnels, qui avoient été ſi longtems & ſi religieuſement obſervés par les Ancêtres, ſont combattus, ſeulement de nos jours, & doivent ſervir de prétexte pour pallier une agreſſion auſſi injuſte qu'inopinée, & pour rompre, contre les Loix de la Nature & des Gens, les liens [a] ſacrés de la ſocieté humaine, avec un tel excès, que tout le monde en eſt, avec raiſon, choqué & allarmé ; puiſque ſi un pareil procédé s'introduiſoit, ou ſe toléroit, nulle Puiſſance, nul Etat ne pourroit plus procurer la moindre ſûrété à ſes Païs, Terres & Sujets, au moïen des Confédérations & des Traités, de quelque nature qu'ils puiſſent ètre ; mais un chacun ſeroit réduit à la néceſſité d'en remettre la durée & l'obſervation à l'oportunité & à la bonne ou mauvaiſe volonté de ſon Contraɛtant, ou de ſes Décendans & Succeſſeurs.

CHAPITRE IV.

De la Prétention, par laquelle la Partie adverſe diſpute à la Couronne de Bohème juſqu'au Domaine direɛt ſur leſdits quatre Duchés.

§ I.

UNE abſurdité, le plus ſouvent, en engendre une autre. C'eſt ce qui arrive à l'Auteur, auquel nous avons à faire ; il ſe laiſſe tranſporter juſqu'à acuſer la Couronne de Bohème de Felonie commiſe contre la Maiſon de Brandebourg, du chef d'avoir agi *contra legem Delationis Feudi*, pour n'avoir pas voulu laiſſer valoir la Confraternité Héréditaire, ourdie par

Frideric

---

[a] L. 1. in 1 ff. de Paɛtis quid enim tam congruum fidei humanæ quam ea quæ inter eos placuerunt ſervare.

Frideric Duc de Ligniz avec l'Electeur Joachim. Mais comme en vertu de l'oblation de ce Fief, le Droit de Reverſion des Principautés de Ligniz & de Brieg, après l'extinction des Princes de la Tige maſculine des Piaſtes, a diſertement été atribué & réſervé à la Couronne de Bohème [a] ; Il s'enſuit, que ee n'eſt pas la Couronne de Bohème, mais que c'eſt le Duc Frideric, qui, en faiſant ce Traité de Confraternité Heréditaire, a agi *contra legem Delationis*, & s'eſt rendu coupable du crime de Félonie contre cette Couronne [b].

§ II.

COMMENT donc cet atentat puniſſable, du Duc Frideric, peut-il ſervir de Titre à la Maiſon de Brandebourg, pour prétendre juſqu'au *Domaine direct*, après que le *Domaine profitable & utile* même ne lui a jamais été acordé ?

§ III.

L'ACCUSATION de Félonie eſt ſi debile & ſi bizare, qu'elle ſe détruit elle-même, ſans avoir plus beſoin de réponce : mais elle pourroit bien, le cas avenant de la chance, être ramenée à la pratique avec plus de juſtice.

CHAPITRE V.

Demande : Si le Roi de Pruſſe a pû ſe diſpenſer de faire une Déclaration de Guerre, préalable à ſon Irruption en Siléſie.

§ I.

PErſonne ne voudra, aparamment, revoquer en doute, que le Seigneur ſuprême du Fief étant en même-tems Seigneur Territorial, a le droit de rétraire

E

le

---

le Fief ouvert ª. Cela étant, le même Droit doit avoir compété à la Couronne de Bohème fur les Principautés de Ligniz, de Brieg & de Wolau, à l'extinction des mâles de la Tige mafculine des Piaftes, & conféquemment l'objection de l'Ecrivain retourne au néant, d'où elle étoit fortie.

§ II.

L'A R G U M E N T qu'il tire de Grotius eft également frèle & leger, en avançant qu'il " n'y a aucun " befoin de denoncer la Guerre, lorfqu'il eft queftion " de revendiquer les chofes, qui nous font duës, & " nous apartiennent en propriété " parceque, fuivant ce qui a déja été pofé en évidence, jamais on n'a laiffé paffer à la Maifon de Brandebourg pour bonne & recevable, la Prétention fur ces Principautés, & bien moins le Droit de Propriété.

La Difparate eft auffi trop palpable, entre revendiquer fa Propriété, comme la Couronne de Bohème a revendiqué la fiénne, à l'extinction des Mâles de la Lignée de Ligniz ; & entre faire une irruption avec une Armée à l'impourvuë dans un Païs, qui, de l'aveu de la Partie même, a été poffedé près de cent ans, par les Rois de Bohème, & fur lequel les Ancétres du Roi de Pruffe ont abdiqué par trois fois folemnellement leurs Prétentions.

Les Peuples polis & civilifés ne connoiffent, ni n'avoüent la Maxime de couvrir l'injuftice d'une Guerre, du voile de Prétentions ufées, caduques, & infoûtenables ; & d'envahir le Païs, fans quelque préalable Denonciation de Guerre ; Cette Maxime eft diametralement opofée à la Doctrine de Grotius, touchant la neceffite de la Déclaration, que l'Auteur a aléguée ᵇ. La Bulle d'Or & les Conftitutions de l'Empire défendent, fous de rigoureufes peines, telles entreprifes, qui

outre-

ª Vide Molinæus ad tit. 1. confuet. Parif. § Gloffa 4 in Princ.

ᵇ Grotius l. 3. c. 3. § 5.

outrepaſſent même les Régles du Droit de Guerre &
des Defis entre les Particuliers [e], comme il en a été
parlé dans les Lettres Patentes divulguées en Siléſie.

§ III.

Y A-T-IL la moindre marque de Conſcience, de Ju-
ſteſſe & de Réflexion, en ce qu’on a écrit à la volée,
qu’on n’a pas ſçû, à qui on auroit dû adreſſer & faire
une telle Déclaration?   Après que la Maiſon Electorale de Brandebourg, conjointement avec tout l’Empire Romain, s’eſt chargé d’une maniere ſi étroite, de
la Garantie de la Succeſſion de la Reine ès Païs Héréditaires Autrichiens; de ſorte que le Roi n’a pas pû
méconnoitre le Poſſeſſeur de la Siléſie, qu’il avoit déja
lui-même reconnu pour tel, en la Perſonne de la Fille
aînée de l’Empereur Charles VI.

§ IV.

CONCLUSION: Les pitoïables excuſes, auſſi bien
que les Maximes, que l’Auteur de la plus *meure Déduction* entaſſe, afin d’éfacer la tache d’une entrepriſe
contraire aux Loix de la Nature, des Gens & de l’Empire, s’évanoüiſſent & ceſſent d’être, du moment qu’el-
les ſont confrontées avec le contenu des Lettres Patentes publiées en Siléſie le 18 Decembre 1740. ainſi
qu’avec celui de l’*Information juridique & conforme
aux Actes* [d], & avec d’autres Pieces, qui à ce ſujet ont
été données au Public.

---

[e] Diffidationes, Fauſt-Recht, Feden.
[d] Voyez la Preface de l’Information juridique.

F I N.